DE L'ESPRIT

RELIGIEUX ET POLITIQUE

DU

PEUPLE

PAR

L.-P. DE BERGERAC

NICE

EN VENTE CHEZ LES PRINCIPAUX LIBRAIRES

—

1870

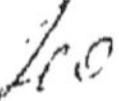

DE L'ESPRIT

RELIGIEUX ET POLITIQUE

DU PEUPLE

NICE. — TYPOGRAPHIE V.-EUGÈNE GAUTHIER ET Ce

Descente de la Caserne, n° 1.

DE L'ESPRIT

RELIGIEUX ET POLITIQUE

DU

PEUPLE

PAR

L.-P. DE BERGERAC

NICE

EN VENTE CHEZ LES PRINCIPAUX LIBRAIRES

1870

Le trouble et l'incertitude agitent et ébranlent la société jusque sur ses bases.

Les princes, inquiets, s'entourent avec sollicitude des lumières des hommes d'Etat les plus expérimentés, pour gouverner la situation précaire du présent et conjurer l'orage qui assombrit l'horizon.

l'Eglise catholique réunit autour de son vénérable chef ses pasteurs disséminés sur le globe pour prendre, dans de solennelles décisions, les moyens nécessaires pour opposer une digue salutaire à la dissolution sociale qui nous envahit de toutes parts.

L'ambition sans limite, la soif des richesses, l'avancement rapide dans les emplois publics, un luxe insensé qui se généralise de plus en plus, sans scrupule sur le choix des moyens, telles sont les déplorables conséquences de l'indifférence et de l'incrédulité aux principes religieux.

Les crimes les plus affreux se multiplient, et l'anarchie morale des esprits, nécessitant le maintien d'armées permanentes nombreuses, préposées à la sécurité générale, nous montrent la plaie hideuse qui ronge la société, et le gouffre où va s'anéantir sa prospérité.

Enfin, en présence de nouveaux malheurs qui menacent notre patrie, accablent de tristesse et de chagrins la vieillesse de l'auguste, bon et clément souverain, donnant avec son auguste compagne l'exemple du dévouement au bonheur de la patrie, nous avons recherché dans l'histoire des siècles passés le remède à la situation qui nous accable, et en le mettant sous les yeux de notre génération distraite et frivole, nous serons heureux et récompensés de nos efforts, si nous avons pu réaliser quelque bien.

Chartreuse du cap Ferrat, le 1er avril 1870.

L. P. DE BERGERAC.

DES PRINCIPES RELIGIEUX

I. — Je suis l'Eternel ton Dieu, qui t'ai retiré du pays d'Egypte, de la maison de servitude.

Tu n'auras point d'autre Dieu devant ma face, tu ne feras point d'images taillées, ni aucune ressemblance des Cieux, tu ne te prosterneras point devant elles, et ne les serviras point. Car je suis l'Eternel punissant l'iniquité des pères sur les enfants, jusqu'à la troisième génération, et faisant miséricorde en mille générations à ceux qui m'aiment et suivent mes commandements.

II. — Tu ne prendras point le nom de l'Eternel, ton Dieu en vain.

III. — Souviens-toi du jour du repos pour le sanctifier, tu travailleras six jours, mais le septième est le jour consacré à l'Eternel, ton Dieu.

IV. — Honore ton père et ta mère, afin que tes jours soient prolongés sur la terre.

V. — Tu ne tueras point.

VI. — Tu ne commettras point d'adultère.

VII. — Tu ne déroberas point.

VIII. — Tu ne diras point de faux témoignage contre ton prochain.

IX. — Tu ne convoiteras point la maison de ton prochain.

X. — Tu ne convoiteras point sa femme, son serviteur ni sa servante, ni rien de ce qui appartient à ton prochain.

(Moïse).

Lois divines et éternelles données à notre faible humanité pour la conduire dans les sentiers du devoir et de la vertu, la préserver des fléaux destructeurs qui engendrent la barbarie ; depuis six milles années, parcourues sur les ruines sans nombre des cités et des empires anéantis, sur la poussière des peuples couchés dans les sépulcres, vous êtes le phare sauveur des sociétés en péril, le port tranquille et assuré où elles trouveront toujours le repos et la félicité.

Peuple qui courez après le mirage trompeur d'un progrès perfide et dissolvant, fantôme séducteur qui conduit aux abîmes de tous les maux, arrêtez votre course vertigineuse vers cet Océan inconnu, aux flots pleins de déceptions et de larmes ; reposez un instant votre esprit lassé par la fièvre dévorante des passions et des désirs sans limites et sans freins, méditez sur les grands principes religieux des dix commandements.

Que votre intelligence, pénétrée de cette vaste et profonde vérité, règle toujours votre conduite sous l'influence salutaire de ces divines lois.

Vous y trouverez le véritable bonheur ici-bas, dans la paix de la conscience.

L'ordre et l'harmonie dans la famille, dans le respect et la piété filiale des enfants, la vertu de l'épouse, le dévouement du mari et du père de famille.

La santé du corps et de l'esprit dans la pratique du travail et le contentement de la position sociale.

La vraie liberté dans la sécurité, par le respect pour le bien légitimement acquis, la saine pratique de l'obéissance aux lois civiles.

Le respect et la fidélité due au chef de l'Etat et aux autorités.

Le progrès bienfaisant, dans l'accomplissement de tous les devoirs sociaux, qui assurent dans la paix et la stabilité, la durée, la grandeur morale et la prospérité matérielle de la nation.

COMMENTAIRES

Toutes les religions pratiquées par des peuples différents de race, de langage et de climats ont, en principe, l'adoration respectueuse et reconnaissante d'un esprit immortel, auteur de la création universelle, et, pour but, l'amélioration spirituelle et matérielle des individus.

L'homme qui, dans un accès d'orgueil voisin de la folie, proclame qu'il n'y a pas de Dieu, est l'ennemi de lui-même et de la société.

L'homme, par sa nature imparfaite, ses besoins nombreux, a préféré à l'isolement la société de ses semblables, origine de la famille par le mariage, et de l'Etat par l'agglomération des individus.

La nation n'est que l'image agrandie de la famille.

L'homme ,façonné à l'image de tout être créé, portant en lui-même des penchants pervers et vertueux, pouvant par leur action prépondérante conserver ou détruire l'élément constituant et régulateur de la société, a invoqué, dans la plénitude de son impuissance et de sa détresse, l'assistance de celui qui, seul, est l'infaillibilité dans l'infini, et l'Être suprême lui donna sa loi, pour lui enseigner ses devoirs ; la science, pour en développer les bienfaits, dompter les éléments et soumettre la matière à son profit.

DE LA LOI RELIGIEUSE

Dieu, par la reconnaissance, invite l'homme à l'adoration par les sentiments du cœur, de son auguste personnalité et fidélité dans le culte pieux qui lui est dû.

L'Etre suprême interdit le culte extérieur en

proscrivant les images taillées, les imitations des cieux.

La raison humaine, présent de la divinité, ne peut admettre que l'homme outrage bénévolement l'Être infini en faisant des contrefaçons souvent grotesques, toujours puériles, de son immensité, du monde inconnu des astres et des mystères de la création.

Pour faire une ressemblance, il faut avoir vu, et les yeux de l'homme n'ont jamais vu la divinité.

Jamais la science humaine n'a soulevé le voile mystérieux des mondes célestes, et, sur notre globe terrestre, les grands phénomènes de la naissance, de la vie et de la mort sont restés le secret de Dieu seul.

L'Être Suprême n'a pas voulu que l'esprit de l'homme pénétra au-delà du tombeau pour recevoir la récompense ou le châtiment de ses œuvres sur la terre.

Avant de fermer pour toujours les yeux à la lumière de la vie, l'homme voit sa descendance frappée ou récompensée des œuvres qu'il a accomplies pendant le cours de sa carrière.

L'expérience des siècles témoigne de l'accomplissement de cette sentence. C'est en vain que la raison a voulu approfondir les desseins de Dieu sur les arrêts de sa justice, elle est dans le présent et sera, dans l'avenir, la consolation du juste, la récompense de ses vertus et l'effroi de l'homme pervers.

II. — Tu ne prendras point le nom de l'Éternel en vain.

Si , dans les circonstances impérieuses de la vie, il est nécessaire de prendre Dieu à témoin, « moralement, » de la véracité des actes, pensées et paroles et d'assumer sur soi la sainteté inviolable d'un pareil serment, il est criminel d'y être volontairement parjure.

Dans l'observation de ce commandement, la réserve et la prudence assurent à l'homme le maintien de sa dignité, et lui épargnent les malheurs qui résultent de l'inconséquence et de la témérité.

III. — Souviens-toi du jour du repos pour le sanctifier.

Le travail est commandé par l'Eternel, comme il est imposé à l'homme par ses besoins physiques. Tout homme doit un tribut au travail, qui n'est pas seulement le levier puissant de l'agriculture, du commerce et de l'industrie, mais aussi le moralisateur par excellence de l'esprit, le générateur de la santé du corps, le moyen efficace de combattre l'ennui, le désœuvrement et la paresse, mère de tous les vices.

Le travailleur, qui féconde la terre de sa main puissante et la couvre d'abondantes moissons, est le producteur indispensable dans la société; il en est le père nourricier, la base fondamentale de la richesse et de la prospérité publiques.

Le travail persévérant, uni à la sagesse et à l'économie, apporte l'aisance dans la famille.

Le travailleur, que des revers immérités ou la vieillesse a placé dans le besoin, a droit à l'assistance de ses semblables; c'est un devoir sacré pour la société de lui venir en aide.

Le citoyen livré à l'oisiveté est un sujet inutile, quand il n'est pas dangereux.

Le repos du septième jour est consacré à Dieu, au culte de la famille et de l'amitié; c'est le jour de l'épanouissement des bons sentiments du cœur humain, l'entretien sympathique des relations des individus et l'acquisition de nouvelles forces pour le labeur du lendemain.

IV. — Honore ton père et ta mère.

Le père est le chef et le pourvoyeur de la famille.

Epoux, il a droit à l'obéissance, à la fidélité, au respect de sa femme et à l'amour filial de ses enfants.

L'Eternel lui a imposé la lourde responsabilité de les élever, d'en faire des citoyens honnêtes et vertueux.

Les enfants, dont l'existence est si souvent compromise dans la jeunesse, souvent, après avoir été la cause involontaire de la mort de leur parents, puisée dans les peines et les soucis de leurs conserver la vie, doivent les entourer de tout le respect et la soumission qui leur est imposée par Dieu, par la reconnaissance pour les auteurs de leurs jours.

La pratique de la piété filiale est la garantie de l'observation de tous les devoirs civiques.

V. — Tu ne tueras point.

Il est criminel d'ôter la vie à son semblable volontairement sans une absolue nécessité.

L'existence humaine n'est pas seulement atteinte par le fer du meurtrier, celui qui possède sous sa dépendance un ou plusieurs de ses semblables est, jusque dans certaines limites responsable de leur santé et de leur existence, si, par des intérêts coupables, il les place et maintient dans des situations destructives.

Sous quel régime que se trouvent soumis les citoyens, république ou monarchie, les chefs qui les gouvernent n'ont pas le droit de disposer de l'existence humaine dans des guerres inutiles.

Le sang du laboureur et de l'ouvrier ne doit être que le prix de la défense de ses foyers et de sa patrie.

La peine de mort, instituée dès l'origine du monde, pratiquée par tous les peuples, doit être maintenue et appliquée par la justice sociale à ceux qui, pour satisfaire leur ambition orgueilleuse, portent la désolation et la mort dans les familles, en conspirant contre les lois de leur pays, le souverain qui le gouverne légitimement et allumant la guerre civile dans leur patrie.

La peine de mort pour celui qui, avec préméditation, froidement, trempe ses mains dans le sang de son prochain.

L'impunité de ces crimes engendre l'anarchie dans l'Etat, anéantit la confiance et la sécurité publiques, et devient une cause de la décadence d'une nation.

VI. — Tu ne commettras point d'adultère.

L'union et le bonheur des ménages sont attachés principalement à la fidélité de l'épouse et à la vertu de la mère.

L'adultère, cette plaie hideuse des sociétés modernes, est le dissolvant le plus puissant de la famille, il allume dans le cœur les plus implacables vengeances, frappe de ces maladies honteuses et terribles que la science est impuissante à guérir, et prépare le châtiment des malédictions des enfants, divisés sur les auteurs de leurs jours. (1)

VII. — Tu ne déroberas point.

Supprimez la propriété individuelle et vous arriverez à la barbarie où régnera le plus fort, le

(1) Dans cette grave question du mariage, les parents ne sauraient prendre trop de précautions, s'entourer de lumières pour le choix des futurs, exiger les conditions les meilleures au point de vue moral et physique, avant de discuter les intérêts pécuniers. L'avenir des générations entières dépend de la décision prise dans ce suprême moment.

plus audacieux au détriment et sur la misère du faible et du timide. Il est d'un grand intérêt de conservation sociale à ce que l'homme soit propriétaire.

Pour arriver à ce résultat, il faut l'acquérir. Dieu a donné à l'homme l'intelligence, la force, la science et l'ordre dans l'activité ; il a mis la création tout entière à sa disposition pour subvenir à ses besoins; l'économie lui a été donnée par surcroît pour lui en assurer la conservation.

Attenter par la violence et l'injustice à la propriété acquise légitimement est le vol.

Un Etat puissant n'a pas le droit de s'emparer d'un Etat faible ; c'est plus qu'un vol : c'est un double crime ; car, pour atteindre ce résultat, les populations sont décimées par la guerre, la famine, l'anéantissement de toute prospérité.

VIII. — Tu ne diras point de faux témoignage contre ton prochain.

L'honneur et la réputation sont, de tous les biens acquis par l'homme, les plus précieux ; pour beaucoup de caractères, ils sont au-dessus de la vie!

Un faux témoignage peut, non-seulement atteindre l'existence d'un innocent, mais aussi détruire l'honneur d'une génération.

Il est donc criminel celui qui occasionne de pareils malheurs.

L'homme doit surveiller ses discours, peser ses paroles, analyser ses écrits, avant de mettre en jeu les intérêts d'autrui. Riche ou pauvre, ils ont des droits à tous les égards.

Si, dans des circonstances graves, il est nécessaire d'affirmer la vérité sur le prochain, la plus grande circonspection doit y être apportée et, quoique étant dans la vérité, il est des cas où il existe des limites.

La médisance et la calomnie, arme à double tranchant, employée par la perversité pour frapper au cœur et dans l'ombre l'honnête homme, est criminelle et aussi redoutable dans ses effets que le faux témoignage.

IX et X. — Tu ne convoiteras point la maison de ton prochain.

Ce désir déréglé de s'approprier le bien d'autrui est le premier pas dans le vol, l'adultère, le rapt, tous les dérèglements qui en sont les suites.

Cette cause permanente de troubles, d'agitations, d'intrigues coupables dans la société, s'appelle convoitise.

L'envie et la jalousie, filles de la convoitise, porte celui qui en est atteint, à de douloureuses extrémités, à des chagrins amers et à de grands remords.

Loin de convoiter la position, le bien de son semblable, l'homme, dans quelleque position qu'il se trouve placé, doit savoir y trouver satisfaction et n'aspirer à l'améliorer que par des voies légales et légitimes, autorisées par la loi de Dieu et les lois civiles.   .   .   .   .

DE L'ESPRIT POLITIQUE DU PEUPLE

La France, pendant dix-huit siècles consécutifs, a été gouvernée par la royauté héréditaire, basée sur le droit divin et appuyée par l'Eglise catholique romaine.

L'alliance du trône et de l'autel, cause de cette longue période de domination absolue, en imposant au peuple subjugué le régime de la féodalité, de la noblesse et du clergé, l'avait voué à cette série d'iniquités et d'oppression, dont l'histoire impartiale retrace à travers les âges les sanglants résultats.

Eclairé enfin par le génie audacieux de la réforme, sorti triomphant des cendres des bûchers et des sombres cachots du Saint Office, dirigé par les grands philosophes du dernier siècle, dans la connaissance pratique d'un avenir meilleur, le peuple, rendu à la vérité par la connaissance de l'étendue de ses malheurs, brisa, dans la terrible réaction vengeresse de 1789, le faisceau oppresseur de sa liberté et de sa prospérité.

Epoque grandiose et terrible, où trente millions d'hommes, affolés par le sombre génie du désespoir, avec la perspective d'une lutte à outrance, domptèrent les armées de l'Europe coalisées, envahissant le territoire sur tous les points ; la guerre civile allumée sur la France entière et la hideuse banqueroute menaçant d'engloutir les

dernières épaves nationales dans un embrasement
général. Ils accomplirent cette révolution radicale des principes politiques du passé, mais principes depuis reconnus insuffisants pour assurer la
stabilité indispensable à la patrie.

Depuis la mort de l'infortuné et vertueux roi
Louis XVI, emporté par la tourmente révolution-
naire, victime expiatoire des crimes de ses aïeux,
depuis cette date funèbre, quinze formes de gouvernement ont été essayées, délaissées et reprises,
deux monarques, bons et dévoués au bien public,
ont été chassés du palais de leurs aïeux par deux
révolutions sanglantes, et le génie militaire, le
grand capitaine des temps modernes, est allé ex-
pirer sur un rocher étranger et ennemi.

Plus tard, la deuxième République, noyée dans
le sang des massacres des funèbres journées de
juin périt par l'acharnement des partis, se disputant
sur les ruines de la patrie l'obtention du pouvoir
et des honneurs.

Débarrassée enfin de tant de monstruosités par
la fermeté de l'héritier du captif de Sainte-Hélène,
appelé par la nation entière pour opérer sa déli-
vrance et la ramener dans la voie de l'ordre et
de la prospérité, la France a reconquis des destinées meilleures.

Depuis dix-huit années, sous le sceptre de l'auguste monarque qui la gouverne, elle a vu son
agriculture, son commerce, son industrie, les arts
et les sciences refleurir et jeter un éclat sans pa-

reil dans les siècles passés ; cependant, l'agitation renaît et grandit de nouveau sous le souffle embrasé d'une presse mercantile et rebelle ; les intérêts les plus sacrés sont de nouveau compromis, des cités languissent dans la misère, l'étranger assiste avec stupeur à ce déchaînement de passions insensées qui abaissent à ses yeux notre caractère national.

Le chef de l'Etat, pressé par la terrible responsabilité qui pèse sur lui, demande au pays alarmé la sanction de nouvelles mesures.

Ces derniers moyens seront-ils suffisants ?. .

. . . .

La France est, en grande partie, dans le culte catholique romain.

La nation veut l'application loyale des immortels principes politiques de 1789, pour régler ses destinées.

Ces immortels principes sont condamnés par l'Eglise Romaine.

Le pape qui règne à Rome le proclame de nouveau dans une circonstance des plus solennelles, et son autorité sur la France catholique tend à primer moralement celle du monarque qui la gouverne.

Revêtu du double caractère de prêtre et de roi, parlant au peuple au nom de la divinité, Pie IX commande et est fidèlement obéi des princes de l'Eglise et des prélats, qui se partagent le pouvoir religieux dans le pays ; ils dirigent avec pleins pouvoirs dans leur diocèse les dix mille prêtres qui, dans leur humble situation, sont les ouvriers

de la puissance occulte dont le dispensateur absolu
est un prince étranger. Par l'institution de la con-
fession, le sanctuaire de la famille leur est ouvert ;
par ce levier d'une immense puissance, ils dirigent
à leur gré les convictions et les moyens ; du haut de
la chaire comme dans l'ombre et le mystère du con-
fessional, le clergé tout entier combat et condamne
les principes constituants de notre Société ;

Défend, sous les peines d'outre-tombe, l'exercice
du libre examen de la pensée et le contrôle des
dogmes imposés à la foi des consciences, c'est dans
cet antagonisme secret et avoué que réside la véritable cause de l'instabilité et du malaise qui, pé-
riodiquement, engendre les révolutions.

La nation, pour devenir prospère et stable, à
l'exemple de l'Allemagne, de la vieille Angleterre,
sous l'influence des dogmes politiques actuels, doit
se réformer dans le domaine religieux ; ou par la
séparation radicale de l'Eglise et de l'Etat soumettre tous les cultes sous le niveau de la loi.

Combattre cette influence occulte ennemie, par
l'indifférence et l'incrédulité importée dans les
masses, serait plus qu'une faute.

Un peuple qui n'a plus de principes religieux
est voué à une prochaine décadence.

Après avoir développé, dans la première partie
de cet ouvrage, la sublime doctrine des dix commandements de Dieu, seule religion de l'honnête
homme, susceptible de devenir universelle, nous
allons exposer les principes politiques s'identifiant

avec les premiers, et, par l'autorité qui les place au-dessus de toute discussion sérieuse, relever et maintenir dans le présent et dans l'avenir la splendeur nationale.

Principes politiques. — Constitution de l'État. La Nation. — La Loi. — L'Empereur.

La multiplicité des lois étant un signe de l'affaissement des caractères et des consciences, la seule Constitution qui, en tout temps, n'admette aucune discussion, est celle qui repose sur cette trinité politique, franchement acceptée et pratiquée.

Dans leur union intime réside la base puissante et indestructible d'un gouvernement.

LA NATION

La nation doit posséder de droit le pouvoir électoral.

Le corps électoral, composé des producteurs, de tous les citoyens intéressés à la prospérité générale, constitue le premier des pouvoirs de l'État.

Pour en exercer efficacement le mandat, l'électeur, d'une probité et d'une vie publique irréprochable, doit être suffisamment lettré pour s'édifier sur les doctrines qui sont soumises à son jugement, apprécier et juger la valeur des hommes à qui il doit accorder sa confiance pour la gestion des intérêts publics.

Dans le cercle étendu que crée le suffrage universel, base du droit public français, le citoyen, pour accomplir sérieusement cette périlleuse mission, ne devrait entrer dans l'exercice du mandat électoral qù'à l'âge de trente ans, terme fixé aux illusions de la jeunesse pour la fixité positive des idées.

Il est rationnel et légitime que le producteur, le père de famille et tous les citoyens payant l'impôt du sang et de l'argent, contribuant à la richesse et au bien-être général, soient consultés et se prononcent sur le choix des moyens employés, et sur les personnes qui lui paraissent les plus aptes à justifier sa confiance pour prendre en main l'administration du pays.

LA LOI

Les mandataires de la nation, reunis en conseil, constituent le pouvoir législatif et la base des lois nécessaires pour régler et fixer les destinées de tous, veiller à la bonne marche du gouvernement, devront toujours être en harmonie avec les exigences du temps et les besoins des populations.

Les lois, interprétées et appliquées par une magistrature intègre et inamovible, indépendante des situations religieuses et politiques, prononçant des arrêts avec la plénitude de l'impartialité.

Tel est, constitué, avec l'empereur pour chef suprême, le pouvoir judiciaire.

L'action de la loi, tutélaire et répressive, doit

s'exercer sur tous les citoyens, sans distinction de rang, de fortune, etc.

La loi, primant la raison d'Etat, appliquée dans son esprit et à la lettre sans faiblesse, doit être la raison dominante de toutes les situations, suffire à toutes les nécessités.

La raison d'Etat, comme moyen de gouvernement, invoquée pour justifier l'adoption de mesures d'intérêt public, ne peut servir de règle générale dans le gouvernement d'un pays éclairé, usant avec sagesse de la liberté.

La loi, respectée et obéie, est la digue puissante qui protége la société et le souverain des passions subversives, de la rébellion et du despotisme, l'appui du faible et de l'ignorant, la sécurité de l'honnête homme et la répression énergique du crime.

Le mépris de la loi engendre l'anarchie, la guerre civile, la dictature ou la décadence.

Tout citoyen devrait connaître les lois fondamentales et repressives de son pays.

L'Etat qui, dans son sein, possède des cultes divers, ne doit avoir qu'une religion : celle de la justice et du droit.

L'EMPEREUR

Chef du pouvoir exécutif, entouré des lumières des citoyens éminents ; il est le gardien vigilant de l'ordre public ; d'un œil vigilant il veille à l'exécution des lois de l'empire, à l'organisation des forces de terre et de mer pour assurer la sécurité intérieure et

défendre le territoire national ; il est gardien de la
grandeur morale et de la prospérité publique. Avare
du sang et des trésors de ses sujets, il ne doit sor-
tir l'épée du fourreau que pour sauver l'unité et
l'indépendance de la patrie. Il doit n'accorder de
faveur qu'au vrai mérite, au courage et à la vertu
civique. Père du peuple, toute sa sollicitude doit
s'étendre sur l'ouvrier, le laboureur et sur toutes les infortunes. Objet de la vénération générale, par son respect pour les lois, qu'il a pour
mission de faire exécuter, il entretient l'harmonie
par un juste désintéressement dans les pouvoirs de
l'Etat, l'obéissance et la fidélité de tous ses
sujets.

Régner sur quarante millions d'âmes, par leur
volonté librement exprimée, est la plus belle cou-
ronne qu'un prince puisse demander à Dieu.

LA LIBERTÉ

La liberté politique constitue dans la société la faculté que doit posséder tout citoyen d'agir, penser,
écrire, en se conformant aux lois, aux égards dus
au souverain et aux autorités, au respect absolu
pour les droits du prochain. Hors de ces limites, la
liberté devient la licence toujours coupable et
souvent criminelle.

La liberté religieuse et la faculté d'exercer en
paix, dans les lieux affectés au culte, les devoirs
qu'impose la croyance.

L'ÉGALITÉ

L'homme ne peut prétendre qu'à une forme de l'égalité :

— L'égalité devant la loi.

Prétendre l'établir dans les positions sociales est une aberration de l'esprit humain ; — elle n'existe nulle part dans la création.

La nature humaine, portée à l'orgueil et. à la vanité, est réfractaire à l'égalité.

Les qualités, les défauts, varient à l'infini chez les individus; la richesse suit l'homme actif, laborieux, sobre et économe ; la misère est la compagne de la paresse, de la prodigalité et de l'intempérance. — Les honneurs sont pour le savant, le citoyen audacieux qui prodigue son sang et sa vie au service de sa patrie ; le mépris pour l'ignorance, la lâcheté et la félonie.

Donc, il est clairement démontré que l'égalité, pompeusement acclamée par les charlatans politiques, est un leurre destiné à masquer des ambitions contenues dans l'ombre par l'incapacité.

Dans cette grande question des inégalités, quel est le devoir du gouvernement vis-à-vis des nécessiteux, des déshérités ?

Ce devoir est ardu, impérieux et sacré : stimuler, encourager les tendances des populations à s'associer dans un but commun de prévoyance et d'assistance; fonder et subventionner, dans les limites

raisonnables, les maisons d'asile pour les vieillards,
les veuves, les orphelins délaissés.

Prévenir l'agglomération funeste des villes par
l'émigration des populations rurales ; encourager
par tous les moyens les travaux des champs, la
prospérité agricole française; retenir le laboureur,
le vigneron à la campagne où il trouve la santé,
la moralité, la paix, la facilité de l'alimentation et
la suppression de tous besoins factices, éléments
précieux qui font le plus souvent défaut aux populations ouvrières des villes.

L'agriculture florissante est le repos et l'ancre
de salut de la société.

LA FRATERNITÉ

L'inégalité des situations n'est point un obstacle
à la fraternité humaine; l'homme parvenu à la fortune, aux honneurs, à la puissance, « distance con-
ventionnelle qui le sépare du pauvre, » est tenu, par
cette supériorité même, à user de bons procédés,
d'assistance et d'égards envers lui.

Égaux par la naissance et la mort dans la loi
naturelle, il n'y a aucune familiarité pour le noble
d'offrir, aucun servilisme humiliant pour le pauvre
et le roturier d'accepter une offre, une avance
honnête, généreusement pratiquée.

Aider et secourir son semblable, dans la détresse, est pratiquer la sainte vertu de la charité
fraternelle.

CONCLUSION

La nation, pour développer son activité, sa richesse d'une façon régulière et constante, a besoin de paix, de sécurité à l'intérieur et à l'extérieur, et d'une certaine liberté.

Le premier devoir du citoyen est de pratiquer l'obéissance aux lois, le respect et la fidélité au chef qui gouverne le pays, s'instruire, exercer son jugement par le libre examen, afin de parvenir à apprécier sainement les doctrines plus ou moins sensées qui lui sont soumises, par les feuilles périodiques, les déclamations à grand effet (et pour cause) de la tribune et de la chaire.

Choisir pour député des hommes pratiques, ayant donné des gages sérieux de leur dévouement au bien public, désintéressé et sobres de paroles inutiles.

Eliminer avec soin des listes électorales ces hommes sans pudeur qui font serment devant Dieu et la nation d'obéir aux lois, d'être fidèles à leur souverain et qui, à l'occasion favorable, arrivés au but, foulent aux pieds promesses et serments, en conspirant ouvertement pour renverser avec le prince les institutions et s'emparer du pouvoir. Les exemples ne manquent pas.

Ces hommes, à opposition haineuse et systématique, semant l'inquiétude dans les esprits, gaspillant un temps précieux à refuter le lendemain ce qu'ils ont affirmé la veille, paralysent la réalisation des projets utiles, la marche uniforme du gouvernement par des dénigrements incessants et scandaleux, et engendrent la ruine, la désolation dans la famille.

Choisir pour l'administration municipale des hommes partisans sérieux de la diminution des emprunts et des charges publiques, administrant en père de famille les deniers confiés à leur probité.

Proscrire du foyer domestique les écrits scandaleux et révolutionnaires, ne prêter jamais concours aux factieux.

Soutenir avec patriotisme l'homme de génie qui honore la France.

S'unir, dans un accord unanime et indissoluble, autour du souverain pour défendre et maintenir l'unité, la prospérité et l'indépendance de la Patrie.

Nice. — Typ. V.-Eugène GAUTHIER et Cᵉ

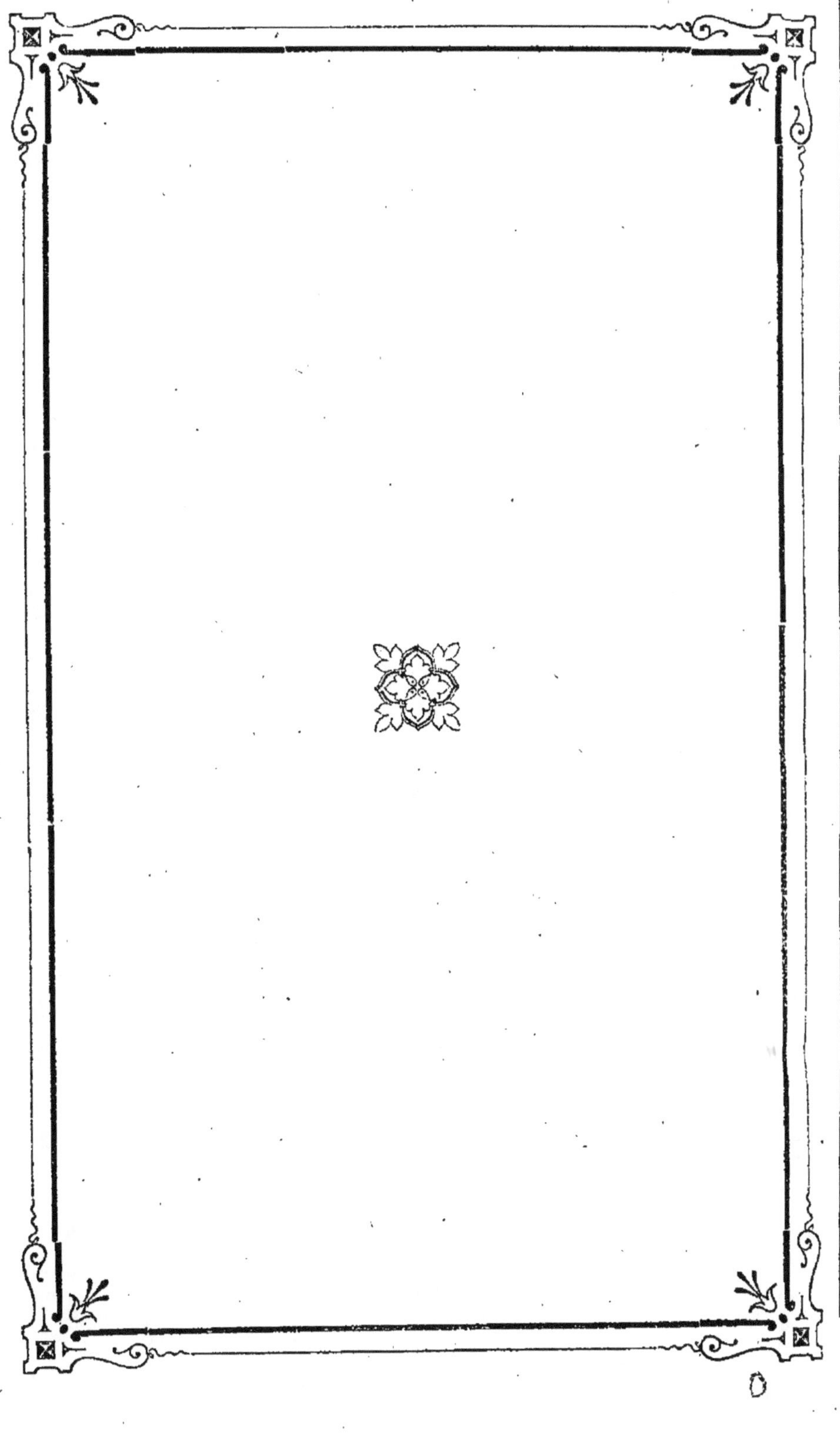

www.ingramcontent.com/pod-product-compliance
Lightning Source LLC
Chambersburg PA
CBHW061130050726